SIMONE CASAGRANDE

ALLENARSI IN 20 MINUTI

Poche Regole ed Esercizi Efficaci per Ottenere il Massimo Risultato nel Minor Tempo Possibile

Titolo

"ALLENARSI IN 20 MINUTI"

Autore

Simone Casagrande

Editore

Bruno Editore

Sito internet

http://www.brunoeditore.it

Tutti i diritti sono riservati a norma di legge. Nessuna parte di questo libro può essere riprodotta con alcun mezzo senza l'autorizzazione scritta dell'Autore e dell'Editore. È espressamente vietato trasmettere ad altri il presente libro, né in formato cartaceo né elettronico, né per denaro né a titolo gratuito. Le strategie riportate in questo libro sono frutto di anni di studi e specializzazioni, quindi non è garantito il raggiungimento dei medesimi risultati di crescita personale o professionale. Il lettore si assume piena responsabilità delle proprie scelte, consapevole dei rischi connessi a qualsiasi forma di esercizio. Il libro ha esclusivamente scopo formativo.

Sommario

Introduzione — pag. 5

Capitolo 1: Come riorganizzare il tuo allenamento tornando indietro nel tempo — pag. 10

Capitolo 2: Come perdere tre chili di massa grassa in 15 giorni — pag. 33

Capitolo 3: Come eseguire i programmi e ottimizzare il tempo — pag. 42

Conclusione — pag. 91

Introduzione

Ciao e mille volte grazie per avere acquistato il mio corso! Non sono qui per darti l'ennesimo estenuante programma di allenamento ma per fornirti il minimo indispensabile per ridisegnare il tuo corpo con pochi e semplici movimenti. La ragione di questo concentrato di segreti è semplice: il tuo tempo libero!

Hai bisogno di poche regole e di esercizi efficaci che ti facciano ottenere il massimo risultato nel minor tempo possibile. Ti puoi fidare per un semplice motivo: ho cominciato a scrivere proprio per quelle persone che non possono mai allenarsi per mancanza di tempo e perché nella mia vita ho osservato, ho chiesto, ho letto, ho scritto e soprattutto ho testato veramente molto.

La cosa che mi preme sottolineare, però, è un'altra ed è quella di cui vado fiero: non ho inventato niente ma mi sono sempre confrontato con chi ne sapeva più di me con umiltà e con chi ne sapeva meno senza presunzione. Continuo a studiare e approfondire, a testare e spesso anche a cambiare metodologia. Il mio obiettivo rimane sempre uno: **un corpo in forma e una vita migliore** cercando di avere più tempo a disposizione per la tua famiglia e i tuoi hobby. Trecento libri sulle varie metodologie dell'allenamento, sulle diete e su come migliorare la salute, sono nella mia camera. Non mille libri ma solo trecento, letti e approfonditi a dovere, sono un ottimo biglietto da visita.

Quando compro un libro, lo "divoro" in pochissimo tempo, così come in pochissimo tempo mangio i miei pasti. È un vero peccato perché se masticassi più lentamente e più a lungo, eviterei picchi glicemici troppo elevati che non fanno certo bene alla salute (questa per esempio la sapevi…). Dalla lettura al cibo con pochissime differenze, è una questione di carattere. Purtroppo sono fatto così, voglio tutto e subito. Vivo di momenti come questo: mia moglie davanti alla tv e io in pigiama che dopo aver addormentato la nostra Vitto sento il bisogno di scrivere.

Penso che questo corso avrà successo perché ho un sogno, un'idea: voglio contribuire a migliorare la tua persona. Ah dimenticavo: sono dottore in scienze motorie, preparatore atletico, personal trainer e desideroso di sorprenderti con il mio metodo di allenamento, il mio modo di mangiare e soprattutto con il raggiungimento del fisico dei tuoi sogni, dell'energia dei tuoi momenti migliori e della serenità dei tuoi sedici anni. Sicuramente sei un appassionato di fitness, di allenamento o un curioso che si avvicina per la prima volta a questo mondo. Beh, sappi allora che questo corso fa al caso tuo perché è adatto a tutti; uomini e donne, atleti e non, sedentari o praticanti ecc. Se conosci il mio stile, se hai letto qualche mio lavoro sai che non amo dilungarmi in argomenti troppo articolati e teorici (non ti parlerò di anatomia, fisiologia, meccanica articolare e via discorrendo), ma preferisco essere pratico, chiaro e utile nell'immediato.

Proprio così! Se seguirai attentamente i miei consigli, al termine di questo corso sarai in grado di allenarti in maniera ottimale. Se ti stai chiedendo cosa significa "maniera ottimale" leggendo questo corso troverai tutte le risposte e soprattutto scoverai le più grosse bugie e i falsi miti che girano attorno all'allenamento. Attenzione! Non ti proporrò esercizi impossibili ma semplici ed efficaci (ma comunque impegnativi).

Credo, infatti, che per stressare il tuo corpo (definirlo alla grande!) non è necessario massacrarlo senza criterio ma eseguire in maniera mirata dei precisi movimenti che coinvolgono le tue catene muscolari. Molto spesso vedo persone che cercano di eseguire degli esercizi difficilissimi e, di solito non riescono a farli o, se ci riescono, li svolgono in maniera errata. Il risultato che si ottiene è poco significativo e il rischio di infortunarsi grandissimo. Io ti proporrò qualcosa di diverso perché ritengo che allenarsi sia molto più semplice e più naturale di quanto pensi o ti hanno fatto credere. Mi capita spesso di avere dei clienti che già si allenano con regolarità, magari frequentando una palestra o praticando un'attività sportiva e rimangono stupiti di come i miei metodi fanno "lavorare" i loro muscoli.

A questo proposito ti riporto le parole pronunciate da Matteo (ragazzo che si allena regolarmente in stile body building) dopo una mia lezione durata venti minuti (sì hai capito bene: venti minuti!): «*Pensavo di essere in forma e di avere un'ottima condizione atletica ma mi sono accorto di quanto debba migliorare e di come mezz'ora con i tuoi metodi è veramente tosta*». Questo per farti capire che spesso sorvoliamo su cose semplici che invece sono in grado di renderci veramente atletici e di come due o tre ore passate in palestra possono essere inutili o addirittura dannose per il tuo corpo.

Se sei uno che sogna di dimagrire stabilmente, asciugare i tuoi muscoli e potenziarti in maniera naturale e "funzionale", senza rinunciare al tuo "prezioso" tempo libero, preparati a divorare questo corso perché, **con soli 20 minuti di allenamento**, il tuo sogno sta per diventare realtà!

Buona lettura!
Simone Casagrande

CAPITOLO 1:
Come riorganizzare il tuo allenamento tornando indietro nel tempo

Come sono cambiati i tempi! Faccio questa semplice affermazione perché mi capita spesso di osservare i bambini di oggi e faccio un confronto con la mia infanzia e quella dei miei coetanei. Vuoi sapere cosa penso? Penso che fossimo più svegli! Forse non giocavamo alla playstation, non sapevamo usare il computer ma "motoriamente" parlando eravamo avanti, ma veramente avanti.

Giocavamo per strada, ci arrampicavamo sugli alberi, correvamo e saltavamo di continuo e dalle 14:00 alle 19:00 si stava all'aria aperta per inventare i divertimenti più strani. E oggi? Si sta in casa, si gioca con il computer seduti sul divano, poi si va a fare un'ora di piscina o di calcio o di basket ecc. e si ritorna a casa nuovamente sul divano. Ci sono quattro ore di attività motoria in meno tra quello che fa un bimbo oggi e quello che faceva venti anni fa. Questo, a mio modesto parere, è un problema. È partendo da questa considerazione che poi oggi mi ritrovo ragazzi senza forza, senza tono muscolare e soprattutto con un sovrappeso preoccupante. È ora di cambiare! A tutti i genitori, un invito a far muovere e sperimentare liberamente tutto ciò che è movimento ai propri figli e nel mio caso (lavorando con persone adulte) un cambiamento radicale nel modo di allenarsi e invitare le persone a provare una metodica più efficace e rapida per ritrovare la forma perduta o migliorare quella presente.

Dopo questa breve ma dovuta parentesi veniamo al sodo. L'allenamento funzionale deriva dai movimenti della riabilitazione che molti fisioterapisti facevano fare ai propri pazienti per recuperare i vari movimenti. Logicamente nel fitness ha avuto un suo sviluppo e una sua evoluzione ma ad oggi lo considero il miglior allenamento possibile per qualsiasi individuo. Allenandoti in maniera funzionale migliorerai tantissimo il tuo equilibrio e la tua stabilità; inoltre molti studi hanno dimostrato come questo metodo sia più indicato anche per il dimagrimento e l'aumento di forza.

In sostanza il tuo corpo migliorerà notevolmente le sue forme e allo stesso tempo rafforzerai la parte più importante del tuo fisico: il core (zona addominale e lombare). Logicamente ogni individuo parte da un livello diverso ma ricordati che con tanto sudore è possibile migliorare tantissimo e asciugare i tuoi muscoli come mai avresti pensato. I movimenti funzionali (perché di movimenti si tratta e non di esercizi) sono naturali, multi articolari e soprattutto svolti prevalentemente a corpo libero o con l'aiuto di piccoli attrezzi. Basta con le macchine! I movimenti guidati e analitici hanno ormai lasciato il posto a movimenti più naturali che hanno come obiettivo il controllo del tuo corpo su tutti i piani dello spazio e un benessere psico-fisico globale.

Grazie al lavoro funzionale diventerai molto più agile, più resistente, più definito e migliorerai la tua condizione fisica generale in tutta sicurezza. Inoltre il tuo corpo subirà una trasformazione armonica ed equilibrata in tutti i tuoi distretti muscolari.

SEGRETO n. 1: l'allenamento funzionale non deve essere inteso come un susseguirsi di prove di forza a livello estremo

ma unicamente come esercitazioni volte allo sviluppo armonico del corpo e finalizzate al miglioramento del movimento, sia per quanto riguarda la vita quotidiana che la performance sportiva.

Bisogna tornare indietro nel tempo e riprovare quei movimenti che stanno alla base del tuo benessere psico-fisico. Il tuo livello di partenza è molto importante perché anche l'allenamento funzionale ha bisogno di una programmazione e di una gradualità nei carichi di lavoro.

In molti esercizi che ti proporrò, l'intensità dovrà aumentare con calma, dopo che avrai preso perfettamente coscienza del movimento. Dovrai provare e riprovare, perché senza sacrificio non otterrai niente perché, se non l'hai ancora capito, sto parlando di un allenamento veramente tosto.

L'obiettivo finale è un lavoro breve e intenso ma principalmente variabile perché il segreto sta proprio lì, nel variare continuamente la routine di allenamento per sorprendere il tuo corpo.

SEGRETO n. 2: con l'allenamento funzionale bruci più calorie! Grazie all'intervento contemporaneo di più gruppi muscolari, il functional training ti garantisce un dimagrimento sicuro.

Il risultato finale sarà veramente straordinario proprio come piace a me e sono sicuro anche a te! Non mi dilungo in altre spiegazioni, perché è arrivato il momento di provare sulla tua pelle cosa significa *functional training*.

Come rendere il tuo corpo simmetrico e prevenire gli infortuni
Sai qual è la causa principale degli infortuni? La differenza tra la parte destra e la parte sinistra del tuo corpo. Anche il più grande atleta, se è valutato attentamente, mostrerà degli squilibri muscolari. Questi deficit della parte sinistra o destra, alla fine, possono portare a seri infortuni e a limitare i tuoi allenamenti. Effettuare uno scrupoloso screening funzionale è un lavoro lungo e ogni seduta ti costerebbe anche 100 euro. Proprio per questo motivo ti mostrerò un movimento unico e in grado, da solo, di fare emergere eventuali asimmetrie del tuo corpo.

In questo modo potrai, lavorando sulla parte carente, ristabilire il tuo equilibrio muscolare e svolgere i tuoi allenamenti in tutta tranquillità. Il movimento che risolverà i tuoi problemi si chiama: **turkish get up.** È un movimento difficile ma è in grado, da solo, di far lavorare tutti i muscoli del tuo corpo e può essere utilizzato come autovalutazione (nel tuo caso), come riscaldamento o come esercizio funzionale per sviluppare il tuo corpo.

Parti da decubito supino con il kettlebell a fianco e ruota verso l'attrezzo per impugnarlo nella maniera più corretta. Poi solleva il kettlebell sopra la testa e comincia a sollevarti. In questo movimento è fondamentale mantenere il braccio che sostiene l'attrezzo sempre perpendicolare a terra, in tutte le fasi del sollevamento. Anche lo sguardo non perde mai di vista il kettlebell e una volta in piedi, torna a terra eseguendo le varie fasi al contrario. Cambia braccio e ripeti dall'altro lato. È un movimento fantastico che fa lavorare tutti i muscoli del corpo ed è utilissimo, nel caso di asimmetrie tra destra e sinistra, per riequilibrare il tuo fisico.

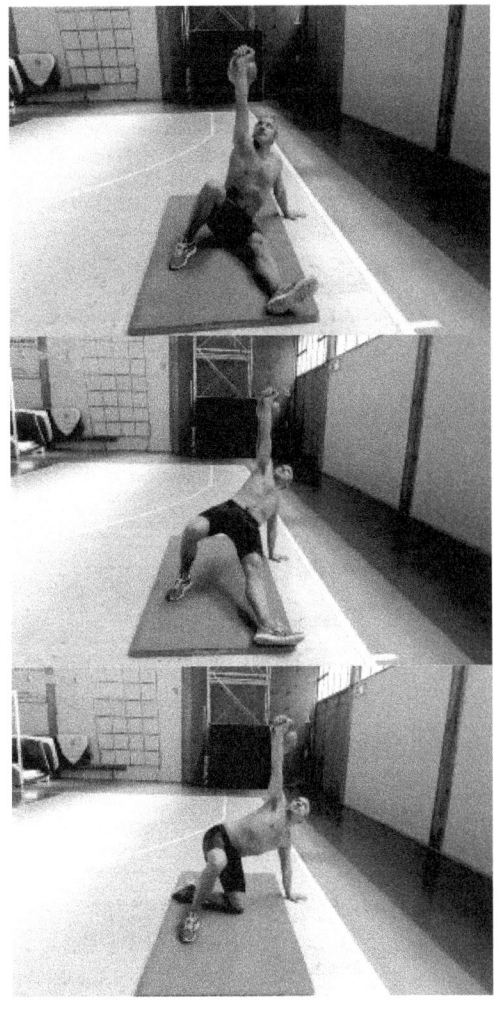

Se non hai molto tempo a disposizione, hai degli squilibri muscolari (solitamente è cosi) 10 minuti di questo movimento funzionale tre volte la settimana risolveranno i tuoi problemi.

SEGRETO n. 3: prima di svolgere un programma di allenamento è molto importante fare un'attenta analisi del tuo corpo. Il passo più importante è valutare la presenza di asimmetrie tra la parte destra e sinistra del tuo fisico ed eventualmente correggerle prima di iniziare. Il turkish get up

risolverà i tuoi problemi.

La tartaruga senza crunch

Se frequenti palestre o istruttori di fitness, nella tua scheda d'allenamento non mancheranno mai tre serie di 10-20 addominali con 1 minuto di recupero per tre tipi di esercizi (crunch, crunch inverso e crunch incrociato). Bene, ma non benissimo! Conosco ragazzi e ragazze con un addome super definito che non hanno mai o quasi mai fatto un crunch. È il dimagrimento generale e la giusta cascata ormonale a permettere ai tasselli di essere ben visibili! Questo deve essere chiaro! Comunque ti faccio vedere cinque esercizi per l'addome veramente efficaci e funzionali. Questi esercizi sono fantastici ma non bastano a definirsi come i modelli sulla copertina di *Men's Healt* perché i fattori importanti per essere al top della forma fisica sono anche e soprattutto altri.

Continuando nella lettura di questo corso li scoprirai tutti e riuscirai tranquillamente a metterli in pratica. Se non hai molto tempo a disposizione, hai una parete addominale e lombare da rinforzare (solitamente è cosi). Quindici minuti di questi movimenti funzionali tre volte la settimana risolveranno i tuoi problemi. Tornando agli esercizi per il core ecco i miei preferiti:

Esercizio n. 1: ponte prono 2 appoggi alternato (statico e dinamico)

Questo movimento non manca mai nelle mie sedute atletiche perché lo ritengo eccezionale per far lavorare i muscoli più profondi del tuo addome. Parti dalla posizione dei piegamenti, solleva contemporaneamente la gamba sinistra e il braccio destro e mantieni la posizione 10-15 secondi. Torna quindi nella posizione iniziale e ripeti con gli arti invertiti. Puoi svolgerlo anche in maniera dinamica facendo salita e discesa degli arti in 3 secondi circa e invertendo gamba e braccio a ogni ripetizione.

Esercizio n. 2: camminata sulle mani

Mantenendo i piedi fermi, muovi le mani in avanti fin, dove riesci a mantenere in contrazione il tuo addome senza inarcare la zona lombare. Fermati un secondo nel punto di massima contrazione, torna indietro lentamente e ricomincia. Mantieni sempre i glutei contratti e non abbassare il bacino per proteggere la schiena.

Esercizio n. 3: superman

Parti da ginocchia e mani a terra. Solleva contemporaneamente la gamba sinistra e il braccio destro e mantieni la posizione 10-15 secondi. Torna quindi nella posizione iniziale e ripeti con gli arti invertiti. Puoi svolgerlo anche in maniera dinamica facendo salita e discesa degli arti in 3 secondi circa e invertendo gamba e braccio a ogni ripetizione.

Esercizio n. 4: ponte laterale statico e dinamico
Posizionati sul fianco con le gambe sovrapposte e un gomito a terra. Mantieni la posizione 20-30 secondi. Puoi svolgerlo anche in maniera dinamica portando il bacino a terra e risollevandoti. Stessa cosa nell'altro lato. Per renderlo più difficile puoi svolgerlo con il braccio teso.

Esercizio n. 5: la "barca"

Parti da decubito prono e solleva di 5 centimetri gambe e busto, portando le braccia in avanti con i pugni chiusi. Adesso porta lentamente le braccia dietro i glutei ruotandole in modo tale che le dita chiuse "guardino" verso l'alto.

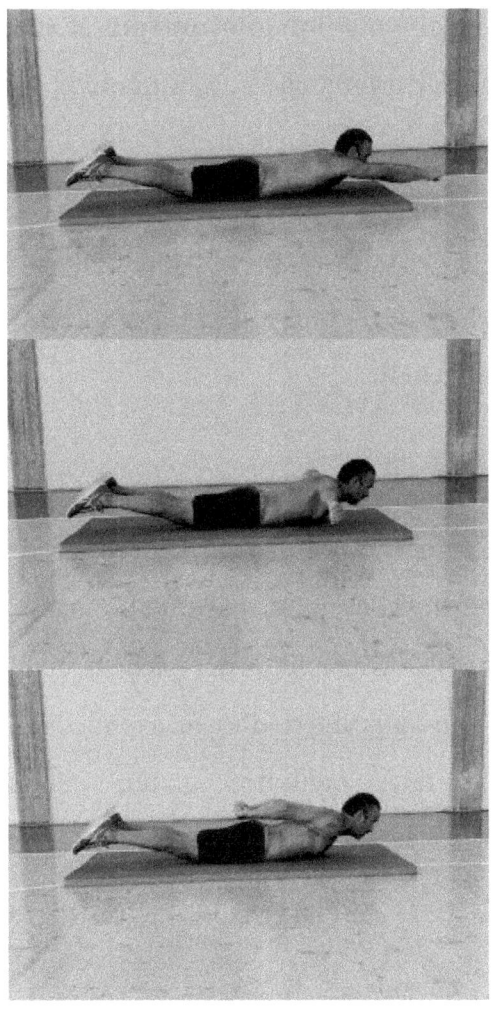

SEGRETO n. 4: il classico crunch per lo sviluppo degli addominali, eseguito a terra, non è il movimento ideale per ottenere un ventre piatto e definito. Molto meglio esercizi funzionali che coinvolgono interamente il muscolo e fanno lavorare il core per quella che è veramente la sua funzione.

Il migliore esercizio per i tuoi glutei
Se dovessi scegliere un esercizio unico per allenare interamente il mio corpo, dimagrire e scolpire il fondo schiena non avrei dubbi: **swing con il kettlebell.**

Fai oscillare il kettlebell tra le gambe con la forza dei posteriori delle cosce, dei glutei e del bacino. Le braccia devono rimanere rilassate, perché tutta la spinta parte dalle anche. Non superare mai, con le ginocchia, le punte dei piedi e mantieni sempre la schiena dritta e lo sguardo rivolto in avanti. Nel punto più alto dell'oscillazione devi contrarre glutei, addome ed essere perfettamente in linea.

Questo movimento è eccezionale per far lavorare tutta la catena posteriore, i bicipiti femorali, i glutei, la zona lombare, il core (per degli esercizi specifici sui muscoli centrali del corpo rimando al mio corso *Super Core Training* edito dalla Bruno Editore) e anche la parte superiore del corpo variando l'altezza del kettlebell nell'oscillazione. I benefici sono tantissimi e ti elenco i più importanti:

- ottimo condizionamento fisico generale;
- lavoro su tutta la catena muscolare, quindi allenamento funzionale;
- miglioramento della composizione corporea (più muscoli e meno grasso), quindi dimagrisci;
- aumento della mobilità articolare e flessibilità muscolare;
- incremento della funzionalità del core;
- miglioramento della postura.

Questi sono solo alcuni dei benefici che questo esercizio apporta al tuo corpo, ma come vedi, sono incredibili e se pensi che si tratta di un singolo movimento, diventa una cosa straordinaria. Se non hai molto tempo a disposizione, hai una catena posteriore da rinforzare (solitamente è cosi) 15 minuti di swing con kettlebell tre volte la settimana risolveranno i tuoi problemi.

SEGRETO n. 5: se i ritmi della tua vita non ti permettono di

allenarti come vorresti e dovessi scegliere un solo esercizio che coinvolga interamente il tuo corpo, ti faccia dimagrire e scolpisca il tuo fondo schiena, la scelta è una sola: swing con il kettlebell.

Come diventare più flessibili
Le articolazioni sono le prime a invecchiare! Eppure in molti allenamenti non vedo traccia di esercizi di mobilità articolare o flessibilità. Trovo inspiegabile come molte persone trascurino questa capacità condizionale, soprattutto, in considerazione del fatto che un buon lavoro di mobilità aiuta a raggiungere un benessere fisico generale, una buona postura, un elevato livello di forza economizzando il gesto motorio e un basso rischio d'infortuni. Diventare più flessibili significa migliorare le tue performance sportive e della vita di tutti i giorni.

Faccio sempre una differenza tra esercizi di flessibilità ed esercizi di stretching per un semplice motivo: i primi, è preferibile svolgerli all'inizio della seduta o anche in altri momenti della giornata (sono ottimi anche solo per risvegliare il corpo e muoversi un po'), mentre i secondi li colloco esclusivamente alla fine della seduta e preferisco non farli prima di un allenamento di forza o velocità perché potrebbe essere controproducente. Al termine della seduta, invece, lo consiglio vivamente perché è importante per il recupero muscolare, riduzione dei DOMS (indolenzimenti muscolari a insorgenza ritardata), migliora la circolazione sanguigna e aiuta nella prevenzione degli infortuni.

SEGRETO n. 6: non trascurare mai le tue articolazioni! Prima di iniziare qualsiasi attività sportiva esegui sempre esercizi di mobilità articolare. La salute del tuo corpo ne trarrà benefici inimmaginabili.

RIEPILOGO DEL CAPITOLO 1:

- SEGRETO n. 1: L'allenamento funzionale non deve essere inteso come un susseguirsi di prove di forza a livello estremo ma unicamente come esercitazioni volte allo sviluppo armonico del corpo e finalizzate al miglioramento del movimento, sia per quanto riguarda la vita quotidiana che la performance sportiva.
- SEGRETO n. 2: Con l'allenamento funzionale bruci più calorie! Grazie all'intervento contemporaneo di più gruppi muscolari, il functional training ti garantisce un dimagrimento sicuro.
- SEGRETO n. 3: Prima di svolgere un programma di allenamento è molto importante fare un'attenta analisi del tuo corpo. Il passo più importante è valutare la presenza di asimmetrie tra la parte destra e sinistra del tuo fisico ed eventualmente correggerle prima di iniziare. Il turkish get up risolverà i tuoi problemi.
- SEGRETO n. 4: Il classico crunch per lo sviluppo degli addominali, eseguito a terra, non è il movimento ideale per ottenere un ventre piatto e definito. Molto meglio esercizi funzionali che coinvolgono interamente il muscolo e fanno

lavorare il core per quella che è veramente la sua funzione.

- SEGRETO n. 5: Se i ritmi della tua vita non ti permettono di allenarti come vorresti e dovessi scegliere un solo esercizio che coinvolga interamente il tuo corpo, ti faccia dimagrire e scolpisca il tuo fondo schiena, la scelta è una sola: swing con il kettlebell.
- SEGRETO n. 6: Non trascurare mai le tue articolazioni! Prima di iniziare qualsiasi attività sportiva esegui sempre esercizi di mobilità articolare. La salute del tuo corpo ne trarrà benefici inimmaginabili.

CAPITOLO 2:
Come perdere tre chili di massa grassa in 15 giorni

Quando scrivo, dedico sempre una parte dei miei lavori all'alimentazione, per il semplice motivo che, come dico sempre ai miei clienti, se ti alleni bene e mangi male potresti non avere benefici, se non ti alleni bene e mangi bene potresti non avere benefici, se mangi male e ti alleni male sicuramente non avrai benefici e infine se mangi bene e ti alleni bene indubbiamente avrai benefici.

Morale della favola: allenamento e alimentazione vanno di pari passo e spesso l'alimentazione diventa fondamentale. Non mi piacciono le diete; l'ho detto, l'ho ripetuto e lo confermo sempre con più convinzione. Esistono però delle regole che se seguite con attenzione e naturalezza ci aiutano a mangiare correttamente.

Il binomio vincente

Se nella tua famiglia sono tutti in sovrappeso, può essere un guaio. Dico *può essere* perché se una persona è serena con qualche chilo in più (ho detto *qualche*...), va benissimo. Ciò nonostante credo che con i giusti accorgimenti possiamo modificare, migliorare e attenuare la nostra "ereditarietà". Vediamo come e con quali mezzi. Ti dico subito che sono contrario a integratori, pillole e diavolerie del genere. I fattori che intervengono per la salute del tuo corpo sono due: alimentazione ed esercizio fisico.

Partiamo dal modo di mangiare per un semplice e saggio motivo: se mangi correttamente, puoi dimagrire anche senza esercizio fisico, se mangi male, non puoi dimagrire neanche con il più perfetto degli allenamenti personalizzati. Chiaro il concetto?!

Io peso 78 chili per 1,82 metri e ho 43 anni. A 18 anni pesavo 73 chili. Considera che a 17 anni sono cresciuto 12 centimetri in altezza, quindi sono "sviluppato" tardi e probabilmente a 18 anni dovevo completare il mio sviluppo muscolare. Il mio peso quindi è rimasto pressoché invariato.

SEGRETO n. 7: non trascurare mai l'alimentazione! Ricordati sempre che la chiave di tutto sta proprio in ciò che introduciamo con la dieta. Se mangi male, non arriverai mai al traguardo.

Il risultato Sardo
In questo paragrafo non ti parlerò di una dieta particolare ma di quello che mi è successo questa estate durante le vacanze in Sardegna con la mia famiglia. Ti racconto questo fatto perché spesso, per ragioni forzate, mangiamo in un modo e inspiegabilmente otteniamo dei risultati sorprendenti. Mi spiego meglio: nel mese di luglio ho trascorso 15 giorni meravigliosi in Sardegna con mia moglie e mia figlia e siccome si partiva il mattino e si tornava per cena (ogni giorno una spiaggia diversa) mi alimentavo diversamente dal solito obbligato dai frequenti bagni a non appesantirmi. Per farla breve in due settimane ho mangiato più o meno così:
- Colazione in hotel composta di un caffè, un toast (prosciutto cotto e formaggio) e una banana;
- Spuntino metà mattina in spiaggia con 3 albicocche o una pesca o 2 fichi (buonissimi);

- Pranzo in spiaggia con una fetta di pane, 4-5 fette di bresaola o di prosciutto crudo, 2 fette di melone e un caffè;
- Spuntino metà pomeriggio in spiaggia con una mela e un pezzetto di grana (ho la borsa termica chiaramente);
- Cena in hotel mangiando un abbondante secondo (pesce o carne), verdure in abbondanza e un caffè;
- Spuntino pre-nanna: un gelato alla frutta gustato passeggiando.

In queste due settimane, ci sono stati due giorni (il settimo giorno e il tredicesimo) dove eravamo ospiti di amici e abbiamo mangiato più del solito senza contare e calcolare carboidrati, proteine e via discorrendo. Abbiamo sicuramente esagerato un po' concedendoci anche diversi dolci ecc. Questa è stata, a grandi, linee la mia vacanza tipo per quanto riguarda l'alimentazione.

Adesso vediamo l'attività sportiva. Mi piace muovermi e anche in vacanza mi concedo 30 minuti di fitness tranquillo e variato. In sostanza un giorno nuotavo (30 minuti), un giorno esercizi a corpo libero (30 minuti), un giorno correvo (30 minuti) e un giorno completo relax e così via in maniera ciclica. Oltre a queste attività considera che, facendo molti bagni, nuotavo spesso per

100-200 metri e sollevavo molte volte mia figlia (ha tre anni ed è una gran giocherellona) piegandomi tipo squat e sollevandola in aria tipo lancio palla medica.

Quest'ultima attività rientra nelle attività tipo che svolge un papà con la sua bimba ma sono ottime per tonificare il tuo corpo (se sai muoverti correttamente!). Risultato: 81 chili alla partenza, 78 chili al ritorno. Adesso non sto qui a contare le calorie (non lo farò mai!) ma comunque mi sembra un risultato da tenere sicuramente in considerazione. Oltre a tutto c'è da considerare che non sono in sovrappeso e i miei tre chili persi sono veramente un risultato considerevole. Attenzione, non voglio assolutamente darti una dieta da copiare ma farti riflettere su come alle volte si ottengano risultati senza fare nessun calcolo e da questi prendere spunto per riflettere un po'.

Per il resto se hai letto qualche mio lavoro (*Allenarsi Senza Attrezzi*, *Il Circuito Metabolico*, *Super Core Training* e *Acqua Training* editi sempre da Bruno Editore) sai come la penso in fatto di nutrizione e su come preferisco un pranzo bilanciato e una cena a base proteica con un bel piatto di verdure e scaricare un po' i carboidrati. Fissatelo bene in testa: i carboidrati in eccesso che introduci con la dieta vanno ad aumentare il tuo girovita (se sei un uomo), glutei e fianchi (se sei una donna).

In generale mangia carne e pesce (pollo, coniglio, vitello sono da preferire), frutta, legumi (importantissimi!), olive, noci, mandorle, poco pane, poca pasta e poche patate. Condisci il tutto con poco sale e olio d'oliva e bevi tanta acqua e non succhi di frutta, coca cola e diavolerie varie. Un giorno a settimana mangia tutto quello che vuoi (servirà a tenere alto il metabolismo) e stai tranquillo che non inciderà sulla tua dieta e sulla tua perdita di peso.

SEGRETO n. 8: cerca di confondere il tuo corpo! Il tuo fisico è intelligente e se "riceve" poco, alla fine, "consumerà poco". Puoi ingannarlo solo "illudendolo" ogni sei giorni. Prenditi un giorno libero a settimana e mangia quello che vuoi. Una giornata dove ti concedi qualche stravizio non pregiudicherà la tua dieta.

L'importanza della colazione
Una cosa molto interessante riguarda invece la colazione perché il

primo pasto della giornata è senza ombra di dubbio il più importante. Se ti abituerai a mangiare anche una fonte proteica, solo questo piccolo accorgimento ti aiuterà ad accelerare il tuo metabolismo basale e a darti un senso di sazietà che i carboidrati sicuramente non danno.

Anzi spesso se mangi come molti (caffè e una o due brioche) creerai quel circolo vizioso creato dal rilascio d'insulina che è il principale responsabile di attacchi di fame, poca lucidità mentale e accumulo di tessuto adiposo. A metà mattina sarai completamente svuotato perché l'insulina sarà entrata in circolo per abbassare la glicemia causata dai troppi carboidrati e dovrai nuovamente correre al bar a riprendere (come fanno molti) un altro caffè e magari un biscotto per fermare la fame. Questo ciclo non avrà mai fine e così facendo rovinerai il tuo corpo. Invece introdurre una buona dose di proteine e, cosa importantissima, mangiare entro 30 minuti dal risveglio ridurrà la ritenzione idrica e il tuo corpo girerà a pieni giri e brucerà di più anche stando seduto davanti al PC.

Cambiare la prima colazione non è semplice, siamo tutti molto abitudinari ma se un piccolo accorgimento può darti, un grande risultato fossi in te farei un tentativo.

SEGRETO n. 9: non saltare mai la prima colazione! Se ti abituerai a mangiare (anche un po' di proteine) entro trenta minuti dal tuo risveglio, il dimagrimento sarà sicuramente facilitato.

RIEPILOGO DEL CAPITOLO 2:

- SEGRETO n. 7: Non trascurare mai l'alimentazione! Ricordati sempre che la chiave di tutto sta proprio in ciò che introduciamo con la dieta. Se mangi male, non arriverai mai al traguardo.
- SEGRETO n. 8: Cerca di confondere il tuo corpo! Il tuo fisico è intelligente e se "riceve" poco, alla fine, "consumerà poco". Puoi ingannarlo solo "illudendolo" ogni sei giorni. Prenditi un giorno libero a settimana e mangia quello che vuoi. Una giornata dove ti concedi qualche stravizio non pregiudicherà la tua dieta.
- SEGRETO n. 9: Non saltare mai la prima colazione! Se ti abituerai a mangiare (anche un po' di proteine) entro trenta minuti dal tuo risveglio, il dimagrimento sarà sicuramente facilitato.

CAPITOLO 3:
Come eseguire i programmi e ottimizzare il tuo tempo

La maggior parte dei movimenti li svolgerai a corpo libero, ma ho inserito anche piccoli attrezzi funzionali che renderanno il tuo allenamento ancora più completo ed efficace. Gli attrezzi che utilizzerai sono:
- Un kettlebell;
- Una palla medica;
- Una swiss ball.

Come puoi notare i miei allenamenti sono sempre rigorosamente low cost, adatti per avere la massima resa con la minima spesa. Considera che un piccolo investimento iniziale, dai 100 ai 150 euro, sarà ammortizzato velocemente, considerando che parliamo di attrezzi che dureranno tantissimi anni senza minimamente deteriorarsi. Nel functional training esistono tanti altri piccoli attrezzi ma secondo me, già con questi tre, è possibile realizzare tanti programmi di allenamento super efficaci. Per quanto riguarda il peso iniziale del kettlebell io ti consiglio 6-8 chili se sei una donna o 10-12 chili se sei un uomo. Se sei un atleta già allenato, puoi aumentare leggermente il peso ma senza esagerare.

Ricordati: prima la tecnica e poi il peso. Stessa cosa per la palla medica, puoi tranquillamente iniziare con lo stesso peso del kettlebell. Quando la forza aumenterà e man mano che prenderai confidenza con gli attrezzi, potrai aumentare gradualmente il peso di entrambi gli attrezzi. Per le dimensioni della swiss ball, invece, scegli una palla che ti permetta, sedendoci sopra, di avere un angolo di novanta gradi tra cosce e busto.

Breve e intenso
La mia filosofia è legata fortemente alla vita moderna e come ho

già scritto in passato, la nuova società ci obbliga a ritmi stressanti che mal si sposano con il desiderio di prendersi cura del proprio corpo. È per questo motivo che le mie proposte (soprattutto questa) sono brevi, intense, senza sprechi di tempo ma allo stesso tempo super efficaci.

SEGRETO n. 10: un allenamento funzionale, per essere efficace, tonificarti e farti dimagrire, deve essere eseguito correttamente e con la giusta intensità.

Sicuramente anche tu avrai delle giornate senza tregua e certamente tra lavoro, famiglia e impegni vari trovi poco tempo per curare il tuo corpo. Con i miei programmi la soluzione è dietro l'angolo perché in soli 20 minuti farai lavorare il tuo fisico come mai avresti pensato. In questo modo anche un super manager riesce a trovare qualche "buco" nella sua agenda e può collocare il suo allenamento dove meglio crede: la mattina presto se ti svegli di buon'ora, nella pausa pranzo, nel tardo pomeriggio dopo il lavoro oppure quando ritieni più opportuno dedicarti un po' di tempo.

Va da sé che quest'allenamento diventa efficace solo se svolto a buona intensità, senza tempi morti, senza perdersi in chiacchiere e soprattutto eseguendo i vari movimenti correttamente. Come vedi anche questa volta non ci sarà bisogno di nessun abbonamento in palestra e qualsiasi luogo si adatterà al caso tuo: a casa, in ufficio, al parco ecc.

L'importante è avere una doccia a disposizione perché te lo assicuro, saranno i venti minuti più incredibili che tu abbia mai provato e alla fine sarai stanco, bagnato fradicio ma felice e soddisfatto. I primi tempi ci saranno un po' di dolori generali (DOMS: indolenzimenti muscolari a insorgenza ritardata) ma niente paura, con il passare dei giorni e man mano che il tuo fisico si adatterà a questo nuovo modo di allenarsi ti sentirai bello tonico e in perfetta forma.

SEGRETO n. 11: non sottovalutare quest'allenamento. Venti minuti come dico io, possono diventare molto lunghi. Parti con il piede giusto: determinazione e occhi sempre sull'obiettivo. Se ci credi, non fallirai!

Ecco come sarà organizzato il tuo allenamento:

- Riscaldamento 5 minuti (corsa sul posto, salto della corda o esercizi di mobilità articolare);
- Fase centrale 20 minuti;
- Defaticamento 5 minuti (stretching).

Svolgerai il mio programma due giorni a settimana (es. martedì e giovedì) mentre il terzo giorno (es. il sabato) praticherai l'attività che più ti piace. Potrai nuotare, correre, andare in bicicletta, giocare a calcetto, a basket, a pallavolo ecc. insomma ti eserciterai come meglio credi e più ti soddisfa. Secondo i tuoi impegni, cerca di organizzare la tua settimana e considera che è preferibile lasciare un giorno di recupero tra i vari allenamenti per far rifiatare i tuoi muscoli.

SEGRETO n. 12: fai riposare i tuoi muscoli! Tieni bene in mente che il troppo allenamento è contro producente e stare ore e ore in palestra non servirà al tuo scopo. Se vuoi vedere i risultati non allenarti in giorni consecutivi e pianifica anticipatamente la tua settimana.

Adesso vediamo quali movimenti ho scelto per ottimizzare il tuo allenamento e solamente in seguito vedremo come combinarli assieme. Questa gradualità è molto importante perché prima di iniziare il programma, dovrai essere in grado di eseguire gli esercizi perfettamente e solo in seguito passerai al programma vero e proprio. Ecco i movimenti funzionali che renderanno il tuo corpo atletico e definito:

Esercizi a corpo libero
Piegamenti e spostamento laterale
Parti dalla posizione dei piegamenti, esegui un piegamento, sposta contemporaneamente la gamba e il braccio sinistro verso sinistra e subito dopo la gamba e il braccio destro sempre nello stesso lato. Esegui un nuovo piegamento e ritorna verso destra con la stessa modalità invertita (prima gamba e braccio destro e poi gamba e braccio sinistro).

Spinte sul dorso

Parti sul dorso, con i piedi a terra, il bacino in basso e le braccia tese con le dita rivolte verso i glutei. Esegui una spinta del bacino in alto e contemporaneamente porta un braccio in diagonale sopra e dietro la testa (il braccio destro verso sinistra e viceversa). Torna nella posizione iniziale e inverti il lato.

Squat braccia alte

Dalla stazione eretta esegui un'accosciata sollevando contemporaneamente le braccia tese sopra la testa. Non superare mai le punte dei piedi con la proiezione delle ginocchia a terra e non sollevare i talloni.

Corsa-arrampicata

Per coordinare bene questo esercizio parti con il braccio destro alto e il ginocchio sinistro sollevato e ruotato in fuori. Appoggia il gomito sinistro sull'omonimo ginocchio e comincia a correre alternando sempre il movimento. Lo sguardo è sempre rivolto in alto.

Burpees

Parti dalla posizione dei piegamenti, esegui un piegamento, poi un balzo in avanti fino a portare i piedi vicino alle mani. A questo punto esegui un salto verso l'alto, atterra in accosciata, riporta le gambe indietro nella posizione dei piegamenti e ricomincia senza pausa.

L-sit

In appoggio su due sedie (o simili) avvicina le ginocchia al petto fino a portarle orizzontali a terra e mantieni la posizione per 30 secondi. Puoi renderlo più complesso allungando una gamba e rimanere in isometria 5 secondi alternando le gambe fino a 30 secondi totali. La versione più difficile prevede entrambe le gambe in avanti a piedi uniti, sempre per 30 secondi in isometria.

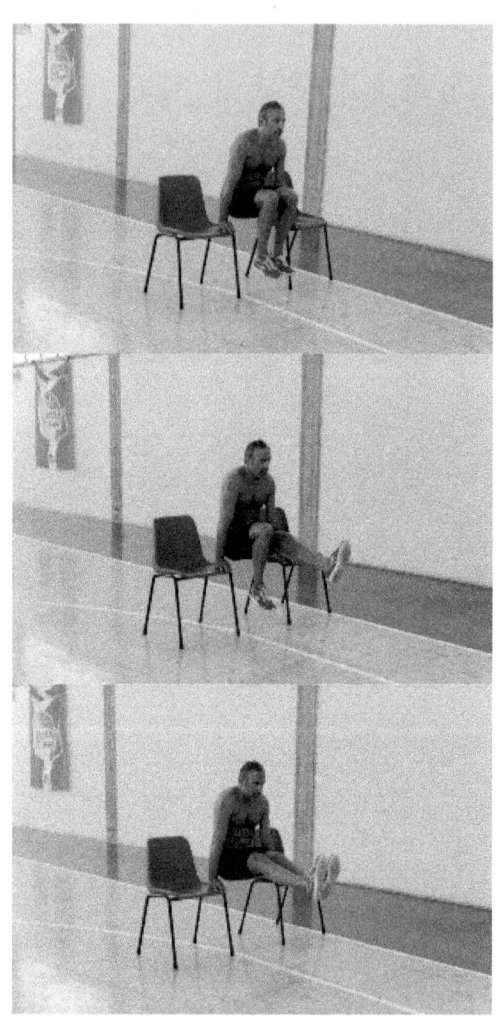

Hindu push up

Parti dalla posizione dei piegamenti ma solleva il bacino fino a formare una "v" rovesciata. Allarga le gambe ed esegui un piegamento in basso-avanti-alto, terminando l'esercizio con il bacino in basso e le spalle in alto. Torna quindi nella posizione di partenza, portando i glutei indietro senza piegare le braccia e ricomincia.

Esercizi con palla medica

Ball slam

Parti con la palla medica in alto sopra la testa, contrai la parete addominale e tirala con forza a terra davanti ai piedi. Effettua rapidamente uno squat completo e riprendila dopo un solo rimbalzo. Risollevati, riporta la palla medica sopra la testa e ricomincia senza pausa.

Ball up

Parti con la palla medica a terra davanti ai piedi, esegui uno squat completo, afferra la palla ed esegui un salto rapidissimo per posizionarti in accosciata completa con la palla davanti al petto.

Sfruttando la forza di gambe e braccia, lancia la palla in alto e lasciala cadere davanti ai piedi. Esegui un nuovo squat per riprendere la palla e ricominciare.

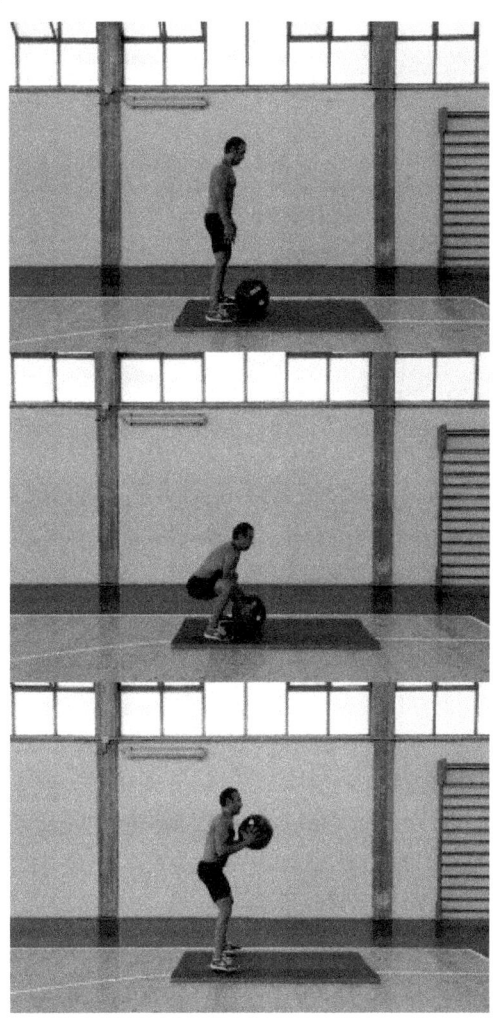

Ball slam laterale

Parti con la palla medica in alto sopra la testa, contrai la parete addominale e, ruotando il corpo da una parte, tirala con forza a terra davanti ai piedi. Effettua rapidamente un affondo e riprendila dopo un solo rimbalzo. Risollevati, ruota nuovamente il corpo verso la posizione iniziale e riporta la palla medica sopra la testa. Ricomincia senza pausa nel lato opposto.

Ponte prono dinamico

Parti dalla posizione dei piegamenti ponendo la palla medica 30-40 centimetri davanti alle mani. Contraendo addominali e glutei, solleva contemporaneamente le braccia fino a porle sopra la palla. Fermati un secondo, ritorna nella posizione iniziale e ricomincia senza pausa.

Affondi e torsione busto

Parti dalla stazione eretta con la palla medica davanti al petto, esegui un affondo e contemporaneamente una torsione del busto nel lato della gamba davanti. Mantieni sempre le braccia piegate, ritorna nella posizione iniziale e ricomincia nel lato opposto senza pausa.

Esercizi con kettlebell

Swing

Fai oscillare il kettlebell tra le gambe con la forza dei posteriori delle cosce, dei glutei e del bacino. Le braccia devono rimanere rilassate, perché tutta la spinta parte dalle anche. Non superare mai, con le ginocchia, le punte dei piedi e mantieni sempre la schiena dritta e lo sguardo rivolto in avanti. Nel punto più alto dell'oscillazione devi contrarre glutei, addome ed essere perfettamente in linea. Quando diventi più bravo puoi sollevare il kettlebell fin sopra la testa.

Stability row

Appoggiati con un braccio su una sedia (o simili), allarga le gambe e contrai l'addome. Con l'altro braccio impugna un kettlebell e sollevalo spingendo il gomito indietro. Dopo 5 ripetizioni, cambia mano e ripeti con l'altro braccio.

Clean

La parte iniziale di questo esercizio è uguale allo swing, la spinta è data dai glutei e dai posteriori delle cosce, la schiena è dritta e lo sguardo è rivolto in avanti. Appena il kettlebell supera il bacino (nell'oscillazione avanti), fai ruotare l'attrezzo attorno al polso e posizionalo comodamente nel "triangolo" formato da spalla-gomito-polso. Il braccio è attaccato al fianco e il polso è in posizione neutra (devi poter muovere le dita). Quest'ultima posizione si chiama posizione di rack o caricamento. Da quest'ultima posizione fai oscillare nuovamente il kettlebell in mezzo alle gambe e ricomincia. Ripeti anche con l'altro braccio.

Front squat

Parti dalla stazione eretta, con i piedi leggermente più larghi delle spalle e impugna il kettlebell con entrambe le mani. A questo punto esegui un'accosciata cercando di far toccare i gomiti con l'interno coscia. Non sollevare mai i talloni e non superare mai la punta dei piedi con la proiezione delle ginocchia. Contrai i glutei, risollevati e ricomincia senza pausa.

Push jerk

Porta il kettlebell in posizione di rack con un clean. Piega leggermente le gambe e spingi energicamente l'attrezzo sopra la testa arrivando sempre a gambe leggermente piegate, per poi arrivare nella posizione eretta a gambe tese e braccio alto sopra la testa. Mantieni sempre il polso in posizione neutra (devi poter muovere le dita) e ritorna in posizione di rack. Dopo 5 ripetizioni cambia mano.

Stacco su una gamba

Parti dalla stazione eretta con il kettlebell sul fianco. Solleva la gamba corrispondente alla mano che sorregge il kettlebell indietro e contemporaneamente piega l'atra gamba e porta il busto in avanti fino a portare l'attrezzo a pochi centimetri da terra. Contrai i glutei e ritorna in posizione iniziale. Con il kettlebell in basso gamba e tronco sono quasi orizzontali a terra e formano una retta. Dopo 5 ripetizioni, esegui dall'altro lato.

Esercizi con swiss ball

Spostamenti laterali

Appoggia la schiena e il capo sulla swiss ball, porta il bacino in spinta e allarga le braccia. Sposta il busto da una parte, mantenendo le braccia aperte e il bacino in spinta. Torna nella posizione iniziale ed esegui lo stesso movimento dall'altra parte.

Twist

Parti dalla stessa posizione dell'esercizio precedente, ma porta le braccia alte e le mani unite sopra la testa. Ruota tutto il busto da una parte, fino a toccare la swiss ball con l'orecchio. Torna nella posizione iniziale ed esegui lo stesso movimento dall'altro lato.

Ponte su una gamba

Parti dalla posizione dei piegamenti con le gambe sopra la swiss ball. Contrai l'addome e solleva una gamba 20 centimetri circa.

Torna nella posizione iniziale ed esegui lo stesso esercizio con l'altra gamba.

Ponte alternato
Parti con il corpo sopra la swiss ball, con i piedi e le mani a terra. Solleva contemporaneamente il braccio destro e la gamba sinistra, torna nella posizione iniziale e ripeti ad arti invertiti.

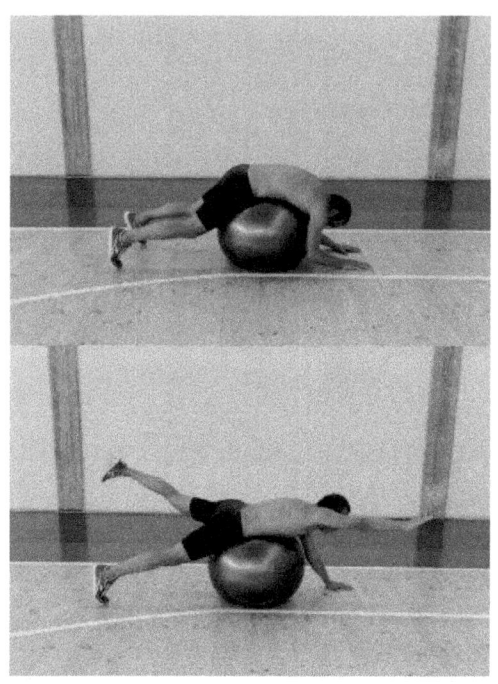

Knee tuck + piegamento

Parti dalla posizione dei piegamenti con le gambe sopra la swiss ball. Porta le ginocchia al petto, torna nella posizione iniziale, esegui un piegamento e ricomincia l'esercizio senza pausa.

Leg curl

Parti dalla posizione supina con le gambe sulla swiss ball. Solleva il bacino e richiama le ginocchia al petto, fino a fare toccare la pianta dei piedi sulla swiss ball. Distendi nuovamente le gambe e senza riabbassare il bacino ricomincia il movimento.

E adesso, è arrivato il momento tanto atteso: venti minuti senza pausa per ridisegnare il tuo corpo. Come abbiamo detto ogni settimana svolgerai 2 allenamenti, più un terzo a piacere (corsa, nuoto, bici ecc.). I tuoi workout sono composti dalla combinazione di tre esercizi, scelti tra quelli elencati in precedenza. Le due sedute settimanali sono uguali ma logicamente, ogni settimana cambierai le due sedute con nuove combinazioni. In totale svolgerai 8 programmi diversi, ognuno composto di due sedute uguali.

Il numero totale dei miei allenamenti è 16 ma a questi devi aggiungere la terza attività che scegli tu liberamente. In totale quindi il numero delle tue sedute sarà 24 (16+8). La parte centrale di ogni workout dovrà essere svolta in questo modo: dovrai svolgere 30 secondi il primo esercizio, 30 secondi il secondo e 30 secondi il terzo, per un totale di 1 minuto e trenta secondi senza pausa; poi 30 secondi corsa lenta sul posto e in fine 30 secondi recuperi passivamente stando fermo. Ricominci, per un totale di 8 serie (20 minuti totali).

Questa metodologia è valida per tutti gli otto programmi. Se ti alleni da solo, ti consiglio di utilizzare un cronometro a intervalli ripetitivi e impostarlo con i giusti tempi di lavoro e di recupero. In questo modo non dovrai distrarti inutilmente ed eliminerai i tempi morti. Un esempio di questo dispositivo è Gymboss Interval

Trainer. Non devo aggiungere altro e se sei pronto...iniziamo!

> **AVVERTENZE SPECIALI:**
> - **I programmi di allenamento non intendono sostituirsi, in alcun modo, al parere medico o di altri specialisti;**
> - **Questi programmi di allenamento sono rivolti a soggetti senza patologie in corso;**
> - **L'autore e la casa editrice declinano ogni responsabilità per effetti o conseguenze risultanti dall'uso delle informazioni contenute nel corso e dalla loro messa in pratica;**
> - **Consulta il tuo medico di fiducia prima di intraprendere qualsiasi forma di attività fisica o regime alimentare.**

Programma di allenamento di 8 settimane:
- *workout n. 1: 1 settimana (2 sedute + 1 a piacere);*

- *workout n. 2: 1 settimana (2 sedute + 1 a piacere);*
- *workout n. 3: 1 settimana (2 sedute + 1 a piacere);*
- *workout n. 4: 1 settimana (2 sedute + 1 a piacere);*
- *workout n. 5: 1 settimana (2 sedute + 1 a piacere);*
- *workout n. 6: 1 settimana (2 sedute + 1 a piacere);*
- *workout n. 7: 1 settimana (2 sedute + 1 a piacere);*
- *workout n. 8: 1 settimana (2 sedute + 1 a piacere).*

Obiettivi:

- dimagrimento;
- accelerazione metabolismo;
- tonificazione e sviluppo muscolare;
- miglioramento efficienza cardio-vascolare;
- incremento di forza generale;
- potenziamento muscoli stabilizzatori;
- definizione muscolare;
- benessere psico-fisico.

Workout n. 1:

Riscaldamento:

- 5 minuti (corsa sul posto o salto della corda o mobilità articolare);

Fase centrale:
- Piegamenti e spostamento laterale + L-sit + Squat braccia alte;
- **8 x (30" per esercizio + 30" corsa in souplesse + 30" recupero);**

Defaticamento:
- 5 min. stretching.

Workout n. 2:

Riscaldamento:
- 5 minuti (corsa sul posto o salto della corda o mobilità articolare);

Fase centrale:
- Spostamenti laterali + Twist + Leg curl;
- **8 x (30" per esercizio + 30" corsa in souplesse + 30" recupero);**

Defaticamento:
- 5 minuti stretching.

Workout n. 3:

Riscaldamento:

- 5 minuti (corsa sul posto o salto della corda o mobilità articolare);

Fase centrale:

- Swing, + Clean + Stability row.
- **8 x (30" per esercizio + 30" corsa in souplesse + 30" recupero);**

Defaticamento:

- 5 minuti stretching.

Workout n. 4:

Riscaldamento:

- 5 minuti (corsa sul posto o salto della corda o mobilità articolare);

Fase centrale:

- Ball slam + Ball up +Ponte prono dinamico;
- **8 x (30" per esercizio + 30" corsa in souplesse + 30" recupero);**

Defaticamento:

- 5 minuti stretching.

Workout n. 5:

Riscaldamento:

- 5 minuti (corsa sul posto o salto della corda o mobilità articolare);

Fase centrale:

- Front squat + Spinte sul dorso + Ponte alternato;
- **8 x (30" per esercizio + 30" corsa in souplesse + 30" recupero);**

Defaticamento:

- 5 minuti stretching.

Workout n. 6:

Riscaldamento:

- 5 minuti (corsa sul posto o salto della corda o mobilità articolare);

Fase centrale:

- Burpees + Corsa arrampicata + Knee tuck + piegamento;
- **8 x (30" per esercizio + 30" corsa in souplesse + 30" recupero);**

Defaticamento:

- 5 minuti stretching.

Workout n. 7:

Riscaldamento:

- 5 minuti (corsa sul posto o salto della corda o mobilità articolare);

Fase centrale:

- Ball slam laterale + Push jerk + Ponte su una gamba;
- **8 x (30" per esercizio + 30" corsa in souplesse + 30" recupero);**

Defaticamento:

- 5 minuti stretching.

Workout n. 8:

Riscaldamento:

- 5 minuti (corsa sul posto o salto della corda o mobilità articolare);

Fase centrale:

- Stacco su una gamba + Hindu push up + Affondi e torsione busto;
- **8 x (30" per esercizio + 30" corsa in souplesse + 30" recupero);**

Defaticamento:

- 5 minuti stretching.

RIEPILOGO DEL CAPITOLO 3:

- SEGRETO n. 10: Un allenamento funzionale, per essere efficace, tonificarti e farti dimagrire, deve essere eseguito correttamente e con la giusta intensità.
- SEGRETO n. 11: Non sottovalutare questo allenamento. Venti minuti come dico io, possono diventare molto lunghi. Parti con il piede giusto: determinazione e occhi sempre sull'obiettivo. Se ci credi, non fallirai!
- SEGRETO n. 12: Fai riposare i tuoi muscoli! Tieni bene in mente che il troppo allenamento è contro produttivo e stare ore e ore in palestra non servirà al tuo scopo. Se vuoi vedere i risultati non allenarti in giorni consecutivi e pianifica anticipatamente la tua settimana.

Conclusione

Allenarsi senza rinunciare ai tuoi impegni è sempre stato il tuo sogno e adesso è realtà. Il mattino, nella pausa pranzo, la sera dopo il lavoro, puoi scegliere come e quando preferisci. Un'ora a settimana (mezzora per allenamento), più un terzo giorno dove svolgerai l'attività che più ti piace (corsa, nuoto, bici ecc.). Questi sono i tuoi compiti settimanali; meno credo che sia impossibile ma di più non è necessario.

Intensità e concentrazione per migliorare il tuo fisico come mai avresti pensato. Sto parlando di grandi risultati perché la salute del tuo corpo è la salute della tua mente e se ti piaci e stai bene con te stesso, piacerai sicuramente di più anche agli altri. Mangia proteine nella giusta quantità (anche a colazione), legumi, frutta e verdura in abbondanza, poca pasta e poco pane e niente dolci. Un giorno a settimana datti alla pazza gioia e mangia quello che vuoi.

Dacci sotto con l'allenamento senza perdere tempo, il tuo training funzionale è lì che ti aspetta e dopo due mesi raggiungerai meritatamente i tuoi risultati. Adesso dipende da te, dalla tua voglia di crederci, dalla tua voglia di impegnarti, dal desiderio di sperimentare. Ci sarà da penare un po', alle volte ti sembrerà di non farcela ma costanza e determinazione ti spingeranno avanti e alla fine ti sentirai come nuovo. Due mesi ti sembrano lunghi?! Beh, alleno la gente ma non faccio i miracoli!

Buon allenamento!
Simone Casagrande

www.ingramcontent.com/pod-product-compliance
Lightning Source LLC
Chambersburg PA
CBHW050917160426
43194CB00011B/2441